Questionnaire de lecture

Document rédigé par Fabienne Gheysens
Maitre en langues et littératures françaises et romanes
(Université libre de Bruxelles)

Le Bourgeois gentilhomme

Molière

lePetitLittéraire.fr

Rendez-vous sur lePetitLittéraire.fr et découvrez :

- plus de 1200 analyses
- claires et synthétiques
- téléchargeables en 30 secondes
- à imprimer chez soi

Code promo : LPL-PRINT-10

10 % DE RÉDUCTION SUR www.lePetitLittéraire.fr

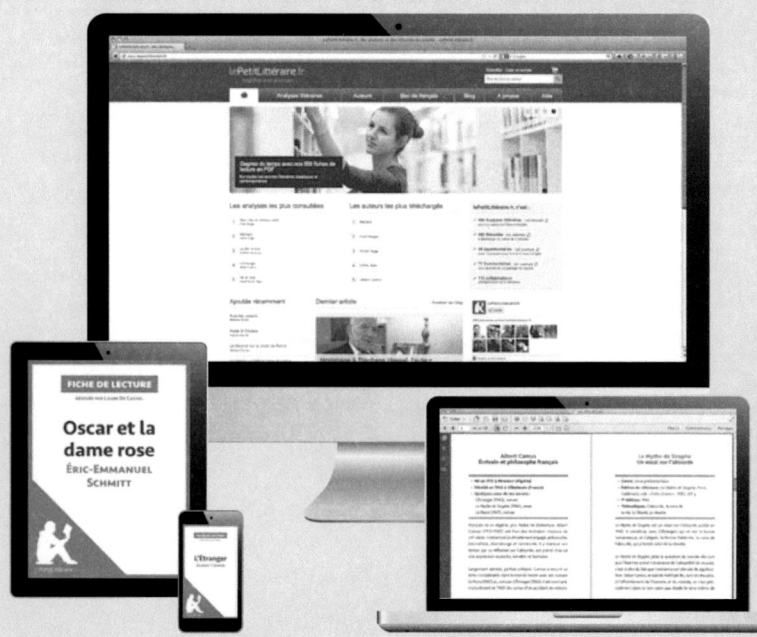

QUESTIONNAIRE 7

CORRIGÉ 10

Molière
Dramaturge, comédien et chef de troupe français

- **Né en 1622 à Paris**
- **Décédé en 1673 dans la même ville**
- **Quelques-unes de ses œuvres :**
  - *Dom Juan* (1665), comédie
  - *L'Avare* (1668), comédie
  - *Le Bourgeois gentilhomme* (1670), comédie-ballet

À la fois auteur, metteur en scène, directeur de troupe et comédien, Molière (de son vrai nom Jean-Baptiste Poquelin) nait à Paris en 1622 dans la bourgeoisie aisée. Il s'oriente très tôt vers le théâtre et fonde avec la comédienne Madeleine Béjart la troupe de l'Illustre-Théâtre. Après douze ans de théâtre itinérant en province, il revient à Paris où il est remarqué par Louis XIV qui le prend à son service.

Il écrit essentiellement des comédies dans lesquelles, sous le couvert du rire, il met au jour les défauts de ses contemporains (la préciosité, le pédantisme, l'avarice, etc.) et critique la société du XVIIe siècle (les pères autoritaires, les faux dévots, les médecins charlatans, etc.) Ses nombreuses pièces exercent encore aujourd'hui une influence considérable et font de Molière un auteur majeur du siècle classique.

Il meurt à Paris en 1673.

Le Bourgeois gentilhomme
M. Jourdain ou la folie des grandeurs

- **Genre :** comédie-ballet
- **Édition de référence :** *Le Bourgeois gentilhomme*, in *Œuvres complètes*, Paris, Flammarion, coll. « GF », 1965, vol. 4, 501 p.
- **1re édition :** 1670
- **Thématiques :** bourgeoisie, arrivisme, ridicule, parvenus, ascension sociale, instruction

Molière a composé *Le Bourgeois gentilhomme* en 1670. Cette comédie-ballet en cinq actes fut représentée pour la première fois le 14 octobre de la même année à Chambord à l'occasion des chasses d'automne.

M. Jourdain est un parvenu, un très riche bourgeois. Saisi par la folie des grandeurs, il souhaite intégrer l'aristocratie. Il tente d'en apprendre les manières, courtise une marquise et cherche un gendre noble. Il ne réussira qu'à être moqué et escroqué par tous.

Cette pièce très célèbre, ancêtre de la comédie musicale, a été jouée des milliers de fois depuis sa création, ce qui en fait un classique incontournable.

Pour aller plus loin dans votre étude de l'œuvre, consultez aussi :

- le commentaire de la scène 1 de l'acte II du *Bourgeois gentilhomme*
- la fiche de lecture sur *Le Bourgeois gentilhomme*

Découvrez également de nombreux autres documents téléchargeables en quelques clics sur lepetitlittéraire.fr !

QUESTIONNAIRE

1. Questionnaire à choix multiple.

   a) Quels maitres sont payés par M. Jourdain pour lui apprendre ce que doit connaitre un homme de qualité ?
      - un maitre de musique et un maitre de danse
      - un maitre d'escrime et un maitre de philosophie
      - ces quatre maitres-là

   b) Qui M. Jourdain espère-t-il impressionner avec son savoir ?
      - sa femme
      - la marquise Dorimène
      - le roi

   c) Pourquoi M. Jourdain refuse-t-il que Cléonte épouse sa fille ?
      - parce qu'il n'est pas noble
      - parce qu'il est pauvre
      - parce qu'il a mauvais caractère

   d) Quel stratagème Covielle utilise-t-il pour faire changer d'avis M. Jourdain ?
      - il présente une lettre falsifiée du roi encourageant M. Jourdain à marier sa fille à Cléonte
      - il déguise Cléonte en fils du grand Turc pour que M. Jourdain accepte le mariage
      - il prétend qu'il peut en échange aider M. Jourdain à épouser Dorimène

e) Est-ce que Dorante aide M. Jourdain à conquérir Dorimène ?
- oui
- oui, mais elle ne veut rien entendre
- non, il fait croire à Dorimène que les cadeaux de M. Jourdain sont les siens

2. À quel genre appartient *Le Bourgeois gentilhomme* ? Justifiez.
(15 lignes)

3. Quelle image de la bourgeoisie M. Jourdain donne-t-il ?
(20 lignes)

4. Quelle image de la noblesse Dorante donne-t-il ?
(20 lignes)

5. Quel type de personnage populaire de comédie Covielle incarne-t-il ?
(10 lignes)

6. En quoi cette pièce joue-t-elle sur l'exotisme ?
(15 lignes)

7. Quels sont les ressorts comiques utilisés par Molière ?
(20 lignes)

8. Observez le début de la pièce : comment l'intrigue est-elle amenée ?
(15 lignes)

9. Comment l'art est-il présenté au travers des professeurs de M. Jourdain ?
(15 lignes)

10. Quelle critique émet Cléonte lorsqu'il refuse d'abord de se faire passer pour noble auprès de M. Jourdain ?
(10 lignes)

CORRIGÉ

1. Questionnaire à choix multiple.

    a) Quels maitres sont payés par M. Jourdain pour lui apprendre ce que doit connaitre un homme de qualité ?
    - un maitre de musique et un maitre de danse
    - un maitre d'escrime et un maitre de philosophie
    - **ces quatre maitres-là**

    b) Qui M. Jourdain espère-t-il impressionner avec son savoir ?
    - sa femme
    - **la marquise Dorimène**
    - le roi

    c) Pourquoi M. Jourdain refuse-t-il que Cléonte épouse sa fille ?
    - **parce qu'il n'est pas noble**
    - parce qu'il est pauvre
    - parce qu'il a mauvais caractère

    d) Quel stratagème Covielle utilise-t-il pour faire changer d'avis M. Jourdain ?
    - il présente une lettre falsifiée du roi encourageant M. Jourdain à marier sa fille à Cléonte
    - **il déguise Cléonte en fils du grand Turc pour que M. Jourdain accepte le mariage**
    - il prétend qu'il peut en échange aider M. Jourdain à épouser Dorimène

e) Est-ce que Dorante aide M. Jourdain à conquérir Dorimène ?
- oui
- oui, mais elle ne veut rien entendre
- **non, il fait croire à Dorimène que les cadeaux de M. Jourdain sont les siens**

2. À quel genre appartient *Le Bourgeois gentilhomme* ? Justifiez.

C'est une comédie-ballet, à savoir une pièce qui mêle des parties parlées et des intermèdes chantés et dansés. Molière lui-même a inventé le genre en 1661 avec *Les Fâcheux* ; il était aidé par le compositeur Lully (1632-1687), avec qui il se brouilla plus tard. Après la mort de Molière et de Lully, le genre proprement dit disparut, même s'il y eut d'autres manières de lier théâtre et musique. L'idée d'ajouter des intermèdes dansés a été inspirée par le gout du roi Louis XIV pour la danse.

Le Bourgeois gentilhomme est considéré comme la meilleure des comédies-ballets, car les intermèdes dansés se marient bien aux parties parlées. M. Jourdain veut des cours de danse et le valet Covielle imagine une fausse cérémonie au cours de laquelle celui-ci est sacré mamamouchi : ces évènements sont de bons prétextes pour des numéros musicaux. Seul le dernier ballet semble forcé, et il est généralement supprimé dans les représentations contemporaines. De plus, les incursions de la danse et du chant dans la pièce contribuent à donner un aspect fantaisiste à la folie de M. Jourdain, qui semble ainsi plus sympathique.

3. Quelle image de la bourgeoisie M. Jourdain donne-t-il ?

La bourgeoisie est un des thèmes centraux de la pièce, comme on peut le voir dans le titre même. M. Jourdain illustre une réalité du XVIIe siècle : la soif de reconnaissance d'une classe sociale qui prend peu à peu de l'importance grâce à son pouvoir financier. M. Jourdain est riche, très riche quand on voit les fortunes qu'il dépense pour devenir noble ; mais tout le bon sens qu'il a dû posséder pour obtenir autant d'argent semble l'avoir déserté face à son obsession première : faire partie des « gens de qualité ».

Ce besoin de la bourgeoisie de singer les nobles est évidemment poussé à la caricature pour susciter le rire. M. Jourdain engage quantité de professeurs pour lui apprendre à être noble, ce qui pour un spectateur moderne n'est pas une mauvaise chose. En effet, apprendre à philosopher, connaitre la musique, en quoi cela serait-il impossible à quelqu'un qui est né bourgeois ? On peut croire que l'échec de M. Jourdain, qui n'apprendra en fait de philosophie que comment prononcer l'alphabet, est une façon pour Molière d'appuyer une idée de son temps, celle que seuls les nobles de naissance possèdent la noblesse de cœur et l'intelligence.

Les autres personnages bourgeois, cependant, démentent cette idée. Mme Jourdain n'est pas stupide : elle remarque bien que Dorante utilise la crédulité de son mari pour lui soutirer de l'argent. Ainsi, les autres bourgeois ne manquent pas de bon sens ; ce qui perd

M. Jourdain, ce qui cause le ridicule des bourgeois qui veulent paraitre nobles, c'est qu'ils ne s'instruisent pas pour devenir plus intelligents, mais pour faire semblant d'être ce qu'ils ne sont pas.

4. Quelle image de la noblesse Dorante donne-t-il ?

Pour une pièce qui souhaite plaire aux nobles parisiens en leur donnant à voir un bourgeois ridicule, *Le Bourgeois gentilhomme* ne peint pas la noblesse sous un jour très flatteur.

Dorante apparait assez tard (au troisième acte) ; nous n'avons donc d'abord des nobles que l'image idéalisée qu'en a M. Jourdain. Mais lorsqu'il fait son entrée en scène, Dorante apparait d'emblée comme un parasite : il est désargenté et abuse de l'admiration du bourgeois pour obtenir de l'argent. De plus, il fait croire à celui-ci qu'il lui sert d'intermédiaire auprès de Dorimène, tandis qu'il présente à cette dernière les cadeaux de M. Jourdain comme étant les siens. Au final, il aura tout ce qu'il voulait, et sera dans la confidence du tour que le valet Covielle joue à M. Jourdain. Mais ses manipulations, même si elles font rire, semblent moins justifiées que celles du valet. Celui-ci cherche à faire triompher l'amour tandis que Dorante veut juste obtenir ce qu'il désire.

À travers Dorante se dessine une image de ce que la noblesse devient sous Louis XIV : alors qu'auparavant les nobles rivalisaient de pouvoir avec le roi, ce dernier a enfermé la noblesse à Versailles. La danse, la musique, l'escrime sont les seules occupations qui leur restent, et leur pouvoir politique et financier s'amenuise. Comme Dorante, ils en sont réduits à la manipulation pour rester dans la course.

Remarquons enfin que si Dorante est clairement plus rusé que M. Jourdain, Dorimène est moins perspicace que Mme Jourdain, et épousera Dorante sans se rendre compte qu'il la manipule.

5. Quel type de personnage populaire de comédie Covielle incarne-t-il ?

Covielle est un valet. Ce type de personnage se retrouve dans de nombreuses comédies de Molière, mais ce qui est intéressant, c'est que Covielle endosse au cours de la pièce plusieurs rôles différents habituellement dévoués aux domestiques. Dans la première partie, il est le double comique de son maitre, amoureux de la servante de la femme qu'aime son maitre, répétant sur le mode comique les disputes de Cléonte et Lucille. Ensuite, lorsque M. Jourdain refuse que Lucille épouse Cléonte, il invente un stratagème pour le faire changer d'avis. Il se rapproche alors du valet rusé de la comédie italienne, la *commedia dell'arte*, qui était une grande source d'inspiration pour Molière. On retrouvera ce genre de personnage dans *Les Fourberies de Scapin* (1671).

Même si Molière jouait souvent devant la cour et donc devant un public cultivé, il gardait toujours dans ses comédies des éléments plus populaires, comme le valet ridicule ou manipulateur.

6. En quoi cette pièce joue-t-elle sur l'exotisme ?

L'exotisme est l'intérêt pour ce qui est étranger aux coutumes connues. Le XVIIIe siècle, avec la traduction des *Contes des Mille et Une Nuits* par Antoine Galland (orientaliste français, 1646-1715), verra l'exotisme proliférer en littérature, mais déjà Molière l'annonce.

En effet, pour que M. Jourdain accepte que Cléonte épouse sa fille, celui-ci décide de se faire passer pour un noble étranger : le fils du Grand Turc. Il y a bien sûr une raison pratique : M. Jourdain admire tellement les nobles de Paris qu'il se méfierait sans doute si Cléonte se faisait passer pour l'un des leurs dont il n'aurait jamais entendu parler. Covielle décide donc de déguiser son maitre en héritier de l'Empire ottoman, et en profite pour organiser l'anoblissement du bourgeois en mamamouchi, un titre totalement fantaisiste. C'est l'occasion de danses dans des costumes exotiques et de chants dans un galimatias qui n'imite que vaguement le turc. L'auteur ne cherche pas particulièrement la véracité dans sa peinture des Turcs ; l'important est de frapper l'imaginaire.

On a vu dans ces scènes une revanche face à la visite d'un ambassadeur turc quelques années auparavant à Paris, qui s'était montré assez méprisant face au faste déployé par Louis XIV et avait déclaré qu'il voyait plus impressionnant chez lui. C'est fort possible, mais c'est également pour Molière l'occasion de doter sa comédie d'une dose de fantaisie supplémentaire. Il ne s'agit plus seulement d'une satire, mais aussi d'un divertissement propice à faire rêver le spectateur.

7. **Quels sont les ressorts comiques utilisés par Molière ?**

Comme dans toutes ses pièces, Molière utilise différentes sortes d'humour pour atteindre son public.

- Les scènes où le bourgeois apprend les arts jouent sur le contraste et le ridicule : M. Jourdain n'a pas les capacités intellectuelles ou physiques nécessaires pour l'escrime et la philosophie, et ses gouts artistiques peu développés l'empêchent d'apprécier les leçons de danse et de musique. S'il est ridicule, les divers professeurs ne sont pas mieux : tous convaincus de la supériorité de leur art, ils en sont réduits à apprendre à M. Jourdain comment prononcer l'alphabet et quelle est la différence entre la prose et les vers.
- Covielle et Dorante font quant à eux rire le spectateur avec leurs manipulations : Covielle se fait passer pour un interprète turc ; Dorante, durant un diner avec M. Jourdain et Dorimène, jongle avec les deux personnages, car il leur a menti à tous les deux. Ils mentent au bourgeois dans des scènes pleines de sous-entendus et jouent sur les mots. Ce thème de la tromperie est courant dans les comédies depuis la farce du Moyen Âge. Les garçons-tailleurs, lorsqu'ils accablent M. Jourdain de titres de noblesse non mérités pour obtenir toujours plus d'argent, profitent de même de sa crédulité.
- Le comique visuel est également très présent : le costume de M. Jourdain est complètement ridicule ; Nicole, la servante, bat son maitre à l'escrime ; le couronnement du mamamouchi se termine par une scène de bastonnade, etc. Molière était également acteur, et il n'oubliait jamais l'importance de la mise en scène.

- Si la plupart des ressorts comiques que Molière utilise existent déjà depuis longtemps, la scène où M{{me}} Jourdain interrompt le repas de son mari avec Dorimène, car elle le soupçonne à juste titre d'infidélité, semble annoncer les procédés du vaudeville...

8. Observez le début de la pièce : comment l'intrigue est-elle amenée ?

    - D'une part, M. Jourdain n'apparait pas dans la première scène. Il nous est présenté au travers des discussions que le maitre de musique et le maitre à danser ont sur lui. On sait ainsi qu'il est riche et qu'il n'est pas doué pour les matières artistiques. Molière crée donc un effet d'anticipation.
    - Deuxièmement, l'intrigue même (tournant autour du projet de mariage de Cléonte et Lucille) n'apparait qu'au troisième acte. La première partie de la pièce est une succession de scènes mettant en avant le caractère ridicule de M. Jourdain, au travers de ses interactions avec différents personnages. Ainsi, durant les deux premiers actes, nous suivons simplement une journée ordinaire du bourgeois, et ce n'est qu'au troisième acte que sa folie devient nuisible à quelqu'un d'autre que lui-même. Cette absence de tension narrative pendant deux actes ne nuit pas réellement à la pièce : après tout, le thème des amoureux dont le mariage est contrecarré par un père ridicule est un thème de comédie depuis l'Antiquité, et le véritable attrait pour les spectateurs de l'époque était cette caricature du bourgeois aux prétentions aristocratiques. Peu importe donc qu'il faille attendre le troisième acte pour que l'on

apprenne d'une part que la fille de M. Jourdain a un prétendant, et d'autre part qu'il veut marier sa fille à un noble. Ce mariage contrecarré n'est qu'un prétexte à l'extravagante mise en scène de Covielle dans les deux derniers actes.

9. Comment l'art est-il présenté au travers des professeurs de M. Jourdain ?

Le Bourgeois gentilhomme s'ouvre sur un débat entre le professeur de musique et le maitre à danser : est-ce gratifiant d'enseigner l'art à quelqu'un d'aussi peu doué ? Pour l'un, non ; pour l'autre, le peu de stimulation intellectuelle est compensé par l'argent que leur offre M. Jourdain. Cette question se pose encore aujourd'hui : la qualité artistique a-t-elle préséance sur les considérations matérielles ? Molière rappelle ici que l'art seul ne nourrit pas un homme ; il répond peut-être ainsi au reproche qui lui a été fait d'avoir créé des pièces trop populaires. Car en tant que dramaturge et acteur, il se devait d'attirer le public pour faire vivre sa troupe.

Un autre débat prend place ensuite, sur un ton beaucoup plus humoristique : quel est l'art le plus important entre la musique, la danse, l'escrime et la philosophie ? Les professeurs distingués qui raillaient le manque d'élégance de M. Jourdain en viennent aux mains, tellement la question leur tient à cœur. Ce besoin de hiérarchiser les arts trouve un écho dans la littérature, où l'on a longtemps cherché à définir, selon une liste de critères qui a souvent varié, quels étaient les genres nobles et les genres populaires. Molière, auteur de comédies, était ainsi considéré comme moins important que Racine (1639-1699), auteur de tragédies. Molière montre bien combien ce débat est stérile et peu objectif : l'on tend à encenser l'art pour lequel on est le plus doué, naturellement.

10. Quelle critique émet Cléonte lorsqu'il refuse d'abord de se faire passer pour noble auprès de M. Jourdain ?

Cléonte, lorsque M. Jourdain lui demande s'il est gentilhomme, répond qu'il ne serait pas difficile pour lui d'acheter un petit titre et de se faire passer pour tel, mais qu'il se refuse à le faire et se dit donc bourgeois. Il dénonce ainsi une pratique courante au XVIIe siècle, et l'on se demande en l'entendant si Dorante est noble depuis longtemps…

Par la bouche de Cléonte, Molière fait passer la critique qui a également été la sienne dans les *Précieuses ridicules* (1659) et les *Femmes savantes* (1672), à savoir la dénonciation de l'obsession des hommes pour les apparences, aux dépens de la réalité. Cléonte préfère être un bourgeois honnête qu'un faux noble ; par contraste, M. Jourdain met sa famille en danger quand il ne cherche qu'un noble pour marier sa fille, sans se soucier de la bonne moralité du prétendant. Lucille risque ainsi de finir mariée à un homme qui dilapidera la fortune que ses parents ont acquise, puisqu'un noble ne peut pas travailler. Il ne se soucie que du titre, tout comme les précieuses ne s'intéressaient qu'aux manières de parler sophistiquées de leurs prétendants. Ils passent ainsi à côté de la véritable noblesse, de la véritable élégance, car ils sont obsédés par le besoin de paraître tels qu'ils ne sont pas.

Retrouvez notre offre complète sur lePetitLittéraire.fr

- des fiches de lectures
- des commentaires littéraires
- des questionnaires de lecture
- des résumés

ANOUILH
- Antigone

AUSTEN
- Orgueil et Préjugés

BALZAC
- Eugénie Grandet
- Le Père Goriot
- Illusions perdues

BARJAVEL
- La Nuit des temps

BEAUMARCHAIS
- Le Mariage de Figaro

BECKETT
- En attendant Godot

BRETON
- Nadja

CAMUS
- La Peste
- Les Justes
- L'Étranger

CARRÈRE
- Limonov

CÉLINE
- Voyage au bout de la nuit

CERVANTÈS
- Don Quichotte de la Manche

CHATEAUBRIAND
- Mémoires d'outre-tombe

CHODERLOS DE LACLOS
- Les Liaisons dangereuses

CHRÉTIEN DE TROYES
- Yvain ou le Chevalier au lion

CHRISTIE
- Dix Petits Nègres

CLAUDEL
- La Petite Fille de Monsieur Linh
- Le Rapport de Brodeck

COELHO
- L'Alchimiste

CONAN DOYLE
- Le Chien des Baskerville

DAI SIJIE
- Balzac et la Petite
- Tailleuse chinoise

DE GAULLE
- Mémoires de guerre III. Le Salut. 1944-1946

DE VIGAN
- No et moi

DICKER
- La Vérité sur l'affaire Harry Quebert

DIDEROT
- Supplément au Voyage de Bougainville

DUMAS
- Les Trois Mousquetaires

ÉNARD
- Parlez-leur de batailles, de rois et d'éléphants

FERRARI
- Le Sermon sur la chute de Rome

FLAUBERT
- Madame Bovary

FRANK
- Journal d'Anne Frank

FRED VARGAS
- Pars vite et reviens tard

GARY
- La Vie devant soi

GAUDÉ
- La Mort du roi Tsongor
- Le Soleil des Scorta

GAUTIER
- La Morte amoureuse
- Le Capitaine Fracasse

GAVALDA
- 35 kilos d'espoir

GIDE
- Les Faux-Monnayeurs

GIONO
- Le Grand Troupeau
- Le Hussard sur le toit

GIRAUDOUX
- La guerre de Troie n'aura pas lieu

GOLDING
- Sa Majesté des Mouches

GRIMBERT
- Un secret

HEMINGWAY
- Le Vieil Homme et la Mer

HESSEL
- Indignez-vous !

HOMÈRE
- L'Odyssée

HUGO
- Le Dernier Jour d'un condamné
- Les Misérables
- Notre-Dame de Paris

HUXLEY
- Le Meilleur des mondes

IONESCO
- Rhinocéros
- La Cantatrice chauve

JARY
- Ubu roi

JENNI
- L'Art français de la guerre

JOFFO
- Un sac de billes

KAFKA
- La Métamorphose

KEROUAC
- Sur la route

KESSEL
- Le Lion

LARSSON
- Millenium I. Les hommes qui n'aimaient pas les femmes

LE CLÉZIO
- Mondo

LEVI
- Si c'est un homme

LEVY
- Et si c'était vrai...

MAALOUF
- Léon l'Africain

MALRAUX
- La Condition humaine

MARIVAUX
- La Double Inconstance
- Le Jeu de l'amour et du hasard

MARTINEZ
- Du domaine des murmures

MAUPASSANT
- Boule de suif
- Le Horla
- Une vie

MAURIAC
- Le Nœud de vipères

MAURIAC
- Le Sagouin

MÉRIMÉE
- Tamango
- Colomba

MERLE
- La mort est mon métier

MOLIÈRE
- Le Misanthrope
- L'Avare
- Le Bourgeois gentilhomme

MONTAIGNE
- Essais

MORPURGO
- Le Roi Arthur

MUSSET
- Lorenzaccio

MUSSO
- Que serais-je sans toi ?

NOTHOMB
- Stupeur et Tremblements

ORWELL
- La Ferme des animaux
- 1984

PAGNOL
- La Gloire de mon père

PANCOL
- Les Yeux jaunes des crocodiles

PASCAL
- Pensées

PENNAC
- Au bonheur des ogres

POE
- La Chute de la maison Usher

PROUST
- Du côté de chez Swann

QUENEAU
- Zazie dans le métro

QUIGNARD
- Tous les matins du monde

RABELAIS
- Gargantua

RACINE
- Andromaque
- Britannicus
- Phèdre

ROUSSEAU
- Confessions

ROSTAND
- Cyrano de Bergerac

ROWLING
- Harry Potter à l'école des sorciers

SAINT-EXUPÉRY
- Le Petit Prince
- Vol de nuit

SARTRE
- Huis clos
- La Nausée
- Les Mouches

SCHLINK
- Le Liseur

SCHMITT
- La Part de l'autre
- Oscar et la Dame rose

SEPULVEDA
- Le Vieux qui lisait des romans d'amour

SHAKESPEARE
- Roméo et Juliette

SIMENON
- Le Chien jaune

STEEMAN
- L'Assassin habite au 21

STEINBECK
- Des souris et des hommes

STENDHAL
- Le Rouge et le Noir

STEVENSON
- L'Île au trésor

SÜSKIND
- Le Parfum

TOLSTOÏ
- Anna Karénine

TOURNIER
- Vendredi ou la Vie sauvage

TOUSSAINT
- Fuir

UHLMAN
- L'Ami retrouvé

VERNE
- Le Tour du monde en 80 jours
- Vingt mille lieues sous les mers
- Voyage au centre de la terre

VIAN
- L'Écume des jours

VOLTAIRE
- Candide

WELLS
- La Guerre des mondes

YOURCENAR
- Mémoires d'Hadrien

ZOLA
- Au bonheur des dames
- L'Assommoir
- Germinal

ZWEIG
- Le Joueur d'échecs

Et beaucoup d'autres sur lePetitLittéraire.fr

© lePetitLittéraire.fr, 2014. Tous droits réservés.

www.lepetitlitteraire.fr

ISBN version imprimée : 978-2-8062-6086-4
ISBN version numérique : 978-2-8062-3435-3
Dépôt légal : D/2014/12603/308

Conception numérique : Primento,
le partenaire numérique des éditeurs